NOTICE

EXPLICATIVE

DES TABLEAUX

EXPOSÉS

AU DIORAMA.

NOTICE

EXPLICATIVE

DES TABLEAUX

EXPOSÉS

AU DIORAMA.

NOTICE

SUR

LA CHAPELLE DE ROSLIN.

———

LA chapelle de Roslin, ou plutôt les ruines de cette chapelle jouissent d'une grande célébrité, non-seulement en Ecosse et dans toute l'étendue des trois royaumes, mais encore dans tous les pays de l'Europe où l'on a conservé les souvenirs des arts du moyen âge.

L'architecture de ce monument, dont le temps a respecté quelques parties principales, est un des modèles les plus curieux de cette architecture du quinzième siècle, qui sût réunir, à la grandeur et à la noblesse des masses, la grâce des dispositions, l'élégance des formes, la richesse et le fini des détails.

Roslin, bourg d'Ecosse, à sept milles S. O, d'Edimbourg, est, sous le rapport de sa population, d'une importance très-minime; il n'en est pas ainsi, si on le considère sous le rapport de sa situation, l'une des plus agréables qui soient aux environs de cette capitale. Roslin est un but de promenade où se rendent, pendant les beaux jours d'été, les personnes amies du plaisir que procure la campagne. Pour exprimer, par comparaison, l'empressement que mettent les *fashionnables* et les *ladies* d'Edimbourg à fréquenter ce village, on pourrait dire que Roslin est le Montmorency de l'Ecosse. Quelques souvenirs historiques se rattachent à ce pays, mais les *dandies* et les bons marchands s'en soucient assez peu ; les érudits et les antiquaires en font seuls quelque cas.

Roslin fut érigé en barónie par le roi Jean II, à Stirling, le 13 juin 1456. Le décret d'érection attribuait au village un marché hebdomadaire, une foire annuelle et quelques autres priviléges qui furent confirmés par le roi Jean VI, le 16 janvier 1622, et par Charles II, le 6 mai 1650. Plus tard il fut constitué en comté britannique au bénéfice du dernier des lords *Loughborough*.

La chapelle ou collége de Roslin, dont nous avons à nous occuper, est située sur une colline appelée le *Collége-Hill;* cette colline, au pied de laquelle coule de l'ouest au sud, l'*Esk*, rivière assez jolie, est agréablement coupée de bois, de rochers et de ruisseaux. Son aspect est très-pittoresque.

La chapelle fut fondée en 1446 par William St-Clair, prince d'Orkneq et duc d'Oldembourg, pour un prévôt, six prébendiers et deux enfans de chœur. Saint-Mathieu l'évangéliste fut le saint sous l'invocation duquel elle fut placée. Cet édifice ne fut d'ailleurs jamais achevé; les travaux du chœur ne se terminèrent point et l'on n'entreprit pas même ceux de la nef et du sanctuaire. Ce qui reste de ce monument est d'une grande richesse d'exécution. L'imagination du sculpteur s'est donné carrière dans la diversité des ornemens dont toutes les parties de ce beau débris sont surchargées; ici, ce sont des pilastres et des architraves remarquables par des groupes de fleurs, ou par des guirlandes pleines de délicatesse et de bon goût; là, ce sont des flêches gothiques réunies à leurs sommets par d'élégans arceaux. Sur un piédestal, de ce côté, on voit la figure grotesque d'un vieillard barbu, accroupi et tenant sa tête dans ses mains, semblable à peu près à ces idoles bizarres des indiens, et qui, selon nous, sont plus propres à nous inspirer la dérision, que faites pour commander le respect : de cet autre côté, on trouve un renard emportant une oie et un homme poursuivant le ravisseur pour lui arracher sa proie. Parmi ces animaux qui peuplent les frises et les chapitaux, on distingue plusieurs singes courant çà et là; un d'entre eux tient dans ses bras un petit chien dont l'expression est très-originale. Un chat est aussi au nombre des acteurs de ces scènes, qu'il est permis de trouver au moins singulières représentées dans une basilique, où tous les épisodes, toutes les figures, tous les bas-reliefs devraient avoir le mérite d'une allusion ou d'une pensée religieuse. Le choix de tels sujets pèche contre la convenance qu'il faut toujours respecter dans les arts; mais ces fautes sont celles du temps. Alors, la variété était d'une nécessité absolue; on lui sacrifiait les délicatesses du goût et de la raison. Il ne faut pas dire cependant que cette époque fut celle de la barbarie, trop de monumens protesteraient contre une semblable assertion; il faut se contenter de reconnaître qu'un génie particulier

signalait des siècles où la civilisation recom-
mençante, déshéritée des souvenirs de l'anti-
quité, ou plutôt inhabile à les apprécier,
cherchait à se créer une manière qui eût le
grandiose de l'ancienne, sans en affecter la
régularité symétrique.

Revenons à la chapelle de Roslin.

L'entrée principale en est au nord; une
entrée correspondante est au midi. La porte
que nous voyons à droite dans le tableau est
située à l'ouest; nous sommes donc placés au
midi, et les pilliers, qui soutiennent de cha-
que côté les voûtes de l'édifice, sont, par rapport à nous, du sud au point cardinal opposé.

Le rapprochement des ordres dorique, gothique, ionien, corinthien et composite, donne à
l'ensemble des colonnes, qui décorent le monument, un aspect on ne peut plus agréable.
Les détails des chapitaux, des bases et des fûts
de ces colonnes sont très-curieux, mais leur
description nous entraînerait au-delà des bor-
nes que nous avons dû nous prescrire. Nous

nous contentons d'appeler sur leur représentation l'attention des spectateurs.

Comme il arrive à-peu-près à tous les anciens édifices, celui dont la partie principale est devant nos yeux, est célèbre par une tradition populaire qui se conserve religieusement à Roslin, et que nous devons rapporter ici, sauf à nous expliquer ensuite sur la foi que nous croyons qu'on y peut ajouter. Voici ce que racontent les gens du pays, chargés de garder la chapelle et de la montrer aux étrangers :

« Un maçon, disent-ils, était allé à Rome
» chercher, parmi les modèles anciens, une
» inspiration qui l'aidât à terminer un pilier
» qu'il avait commencé, et auquel il ne pouvait
» mettre la dernière main, tant son génie
» épuisé était rebelle à la nécessité où le pau-
» vre homme était de produire. Son ouvrage,
» à peine ébauché, restant à la disposition d'un
» apprenti entreprenant qu'il avait, celui-ci se
» hasarda d'y porter la main, et comme il s'a-
» perçut que sa témérité était couronnée de

» succès, il l'acheva et le rendit digne d'un
» maître célèbre. De retour de son voyage, le
» maçon, qui rapportait des études et des sou-
» venirs propres à le favoriser dans son entre-
» prise, courut à son cher pilier qu'il avait hâte
» de finir, et dont il espérait faire un chef-
» d'œuvre ; mais quelle fut sa surprise et sa co-
» lère lorsqu'il se vit trompé dans son espérance,
» et qu'il apprit que son apprenti était le rival
» heureux qui avait achevé son travail ! Sa ja-
» lousie le porta à un tel excès de fureur, que
» pour se venger du bonheur de l'ouvrier qui
» l'avait surpassé, il le frappa de son marteau
» et l'étendit à ses pieds. Cette colonne que vous
» voyez (elle est dans le tableau de MM. Da-
» guerre et Bouton la dernière de la rangée à
» droite) a conservé le nom de *pilier de l'ap-*
» *prenti.* Cette consécration rappellera aux
» siècles à venir la barbarie d'un maître jaloux,
» et le malheur d'un jeune artiste dont tout le
» crime fut d'avoir un grand talent manifesté
» de trop bonne heure. »

Voilà la version qui a cours à Roslin ; est-il besoin de dire qu'elle est menteuse, et que cette prétendue consécration en l'honneur du génie malheureux , n'est autre chose que la consécration d'un charlatanisme impudent?

Un prince , St-Clair-des-Iles probablement, pose la première pierre de cette colonne qui prend de cette circonstance le nom de pilier du prince; la corruption si promptement établie dans les langues, dénature le mot écossais qui désigne la qualité de prince ; elle le rapproche de celui qui désigne l'état de l'apprenti ; un homme adroit s'empare de cette particularité , il s'adresse à un peuple pour qui le merveilleux est un besoin, et à qui toutes les croyances sont précieuses , pourvu qu'elles soient extraordinaires ; il invente une fable ; il la débite avec assurance ; un compère la redit en affirmant que celui dont il la tient, est un savant qui mérite qu'on le croie sur parole; ce conte tombe dans l'oreille d'un crédule pour qui il est désormais au rang des choses de foi

et de religion ; on le raille d'abord , il soutient
hardiment son dire ; on se querelle , on se bat ;
le trouble se répand dans le pays ; l'autorité
intervient , elle défend l'histoire de l'apprenti,
et voilà que toute la population y croit le len-
demain : n'est-ce pas ainsi que les romans les
plus absurdes s'accréditent ? On n'en restera
pas là. La chapelle possède aux angles S. O., N.
E., S. E. et N. O. quatre figures qu'on peut
baptiser pour les faire cadrer à l'aventure de
l'apprenti ; on n'a garde d'y manquer. Une tête
de veillard , barbue , et d'un caractère chagrin
(au moins on lui prête cette expression) , de-
vient la figure du maître maçon qui a assassiné
son élève ; un jeune homme est de ce côté , qui
porte sur son visage l'empreinte de la douleur ;
on lui déchire , avec la hache , le front , au-
dessus du sourcil droit ; on creuse la blessure
qu'on empreint ensuite de vermillon ; et l'apprenti, dont la plaie est toujours sanglante , se
trouve ainsi en face de son bourreau. Ce n'est
pas tout encore ; pour rendre la scène plus tou-

chante, il faut faire intervenir une mère; elle
est bientôt découverte; dans un autre angle de
la construction est une tête de femme; elle
pleure ou elle ne pleure pas, n'importe; elle
a l'air mélancolique, et cela suffit; la voilà
mère de l'apprenti, et versant des larmes sur
le sort de son cher fils. Une victime aussi à
plaindre doit être récompensée dans un monde
où tout est justice, de l'infamie d'un monde où
tout est injuste; on lui donnera la béatitude et
ce sera un ange placé à l'angle opposé de celui où est la mère infortunée, qui apportera à
l'apprenti la pancarte glorieuse sur laquelle
l'archange Michel a inscrit le nom du martyr.
La fable ainsi n'est-elle pas complète, et ne
dirait-on pas l'œuvre d'un archéologue, ras-
semblant à grands frais une foule de contradic-
tions pour les plier à son système favori. Mal-
heureusement tout cela est grossier; le vermillon ne trompe que les enfans, les vieilles
femmes, les sots et les ignorans; on y regarde
de plus près, et l'apprenti n'est autre chose

qu'un christ, sa mère une vierge *dolorosa*, le maître maçon un Saint - Joseph ou un Saint-Pierre, et l'ange, le messager de l'Esprit-Saint, prédisant à Marie sa destinée toute divine.

Ainsi tombe, devant une explication raisonnable, l'échafaudage d'une tradition ridicule; ainsi le bon sens vient désenchanter l'imagination de rêves qui déshonorent l'esprit. Gardons-nous de dépeupler les vieux monumens des ombres historiques qui habitent des ruines auxquelles leur présence ajoute un charme puissant pour le cœur, mais craignons aussi de nous laisser séduire à l'aspect de fantômes bizarres, qui nous abusent par de fausses apparences. Dépouillons donc la colonne de l'apprenti de cette merveilleuse auréole dont l'entoure une erreur puérile; ne voyons en elle qu'un monument de l'art, et tout en reconnaissant qu'elle est d'un travail riche et élégant, rappelons-nous que nous pouvons lui opposer cinquante morceaux aussi précieux, depuis les colonnes de la cour du palais de

Georges d'Amboise à Gaillon, jusqu'aux chapiteaux de Westminster.

La chapelle de Roslin a reçu long-temps les dépouilles mortelles de St-Clair et des membres de la famille de Roslin. On y voit dans une situation qui correspond à la troisième colonne à gauche, un tombeau sur lequel est gravée la figure colossale d'un chien-lévrier. Ce monument recouvre, dit-on, les cendres d'un des barons de Roslin, qui, à la chasse, ayant été emporté par son cheval, aurait péri sans le secours de son chien.

Sur une tombe placée au fond de la chapelle, on lit une inscription latine dont voici le sens : *Ici repose, noble et puissant seigneur* GEORGE *de son vivant, comte de Cathane, sieur de* ST-CLAIR, *justicier-héréditaire du diocèse de Cathane, qui mourut à Edimbourg le 9 septembre 1582.* Cette inscription est surmontée d'armoiries, de cotes d'armes, d'une couronne de comte, de deux lions rampans, de deux chiens, et de deux griffons supportant le tout. On lit cette légende en lettres fort grandes :

COMMIT THY VERK TO GOD.

Nous voulions d'abord entrer sur la chapelle de Roslin dans de plus grands détails, mais ils deviennent superflus. C'est l'ensemble du tableau qu'il faut considérer, c'est l'ouvrage du peintre qu'il faut examiner ; il faut comparer le talent du copiste à celui de l'architecte. Ce n'est pas à nous à établir ce parallèle ou à faire remarquer le mérite du nouveau *Diorama ;* ce que nous pourrions dire à ce sujet paraîtrait suspect ; ce que nous ajouterions à ce que nous avons dit plus haut, relativement à Roslin et aux faits historiques qui se rapportent à ce débris curieux, ne servirait qu'à détourner trop long-temps l'attention du spectateur, qui a besoin de se concentrer sur un seul point : le tableau qu'ils ont devant les yeux ; nous devons nous abstenir.

PORT-SAINTE-MARIE.

ENTREVUE DE S. A. R. Mgr LE DUC D'ANGOULÊME ET DU ROI D'ESPAGNE AU PORT SAINTE-MARIE.

On se rappelle les événemens qui ont précédé celui dont les auteurs du *Diorama* ont voulu donner une représentation fidèle. L'histoire les enregistrera scrupuleusement dans ses Annales ; nous qui ne saurions avoir la prétention de fournir des matériaux aux crayons des faiseurs de chroniques, nous nous dispenserons de toutes réflexions sur les causes et les résultats de la guerre civile espagnole, à laquelle la France prit une part active. Un seul épisode, le dénouement de ce drame militaire, doit nous occuper ici ; c'est le débarquement de S. M. Ferdinand VII au Port Sainte-Marie, et son entrevue avec le prince généralissime français.

Cadix s'était rendu et reconnaissait l'autorité du roi Ferdinand. Rendus à la liberté, ce monarque et tous les princes de sa famille brûlaient de témoigner aux Français leur reconnaissance pour leur généreuse conduite pendant toute la campagne. Une entrevue fut convenue à cet effet entre S. A. R. Monseigneur le duc d'Angoulême et S. M. le roi d'Espagne. Port Sainte-Marie fut le lieu choisi par les deux augustes personnages qui devaient, en signe de réjouissance, se donner l'accolade fraternelle.

Port Sainte-Marie est une assez jolie petite ville de l'Andalousie, située sur la Guadalète, à 4 lieues nord-est de Cadix, et dans la baie à laquelle cette place forte a donné son nom. Jusqu'à ce jour, cette cité, malgré son commerce, qui est de quelque importance, n'avait joui d'aucune célébrité. Il ne fallait rien moins que la solennité dont elle a été le théâtre pour la tirer de son obscurité. Aujourd'hui son nom est historique

Occupée par les Maures, comme toute la province dont elle fait partie, la ville de Sainte-Marie a conservé un peu de la couleur mauresque qu'ont empreinte sur toute la portion de l'Espagne qu'ils possédaient les Africains, dominateurs superbes d'un pays où ils laissèrent quelques-unes de leurs traditions, soit dans les mœurs, soit dans les arts. Le goût de l'architecture des Maures, dont le style a moins d'élévation que de grâce et d'originalité, se fait encore remarquer dans une grande quantité de constructions modernes; on le retrouve, avec toute sa singularité, dans quelques monumens postérieurs à Isabelle, qui sont, ainsi qu'un grand nombre de débris contemporains de l'occupation africaine, les modèles de ce genre d'architecture qui prend son rang après la gothique.

Les châteaux forts, dont on retrouve les ruines imposantes dans presque toutes les villes où des Maures travaillèrent à l'affermissement de leur puissance, sont les témoins les plus remarquables de leur séjour en Espagne. Les *Alcazars*, fondés comme les *Acropoles* des Anciens, sur des hauteurs inattaquables, étaient destinés à protéger les cités qu'ils dominaient dans toute l'étendue d'un rayon considérable.

C'est sur un édifice de cette espèce qu'est censé placé le spectateur. Son regard s'étend de là jusqu'à l'horizon où il découvre à droite *la division navale française*, qui communiquait avec le quartier-général par *Rota*.

A la gauche de la flotte se trouve *Cadix*. On distingue au-dessus des remparts de cette ville un édifice assez grand, consacré à *la douane*. Cet édifice est non loin d'une grande tour, (celle qui se détache en clair sur la fumée du canon), où était enfermé pendant le siége S. M. le roi d'Espagne.

A gauche de Cadix, dans la baie, on aperçoit *l'Asia*, vaisseau de ligne espagnol, le seul qu'avaient les constitutionnels. Ce navire de haut-bord est resté sur ses ancres pendant toute la campagne; les Espagnols n'en ont tiré aucun parti.

En suivant l'horizon, toujours à gauche, se font remarquer *le fort de Pontalès*, *la Cortadura*, et cette fameuse *île de Léon* qui fut le premier siége et le dernier asile de l'insurrection.

Plus bas, sur une langue de terre qui se prolonge dans la mer, on voit *le Trocadero*, dont le nom sonore et poétique est entré dans tous les hymnes en l'honneur de la délivrance du roi Ferdinand. C'est devant cette position qu'eut lieu le plus beau fait d'armes dont puissent s'honorer les armes françaises dans la campagne de 1823.

L'île de *Porto-Réal* est le point qu'on voit à l'horizon du tableau, à gauche du *Trocadero*.

La chaîne de montagnes qui bornent la vue de ce côté est *la Sierra di Ronda*, au pied de laquelle serpente *la rivière de Saint-Pedro*.

A gauche de la grande tour qui s'élève au-dessus de *l'Alcazar*, comme la tour des Vénitiens au-dessus de l'*Anopoly* d'Athènes, on voit le couvent de *la Cavidad*; à sa gauche, *Saint-Augustin*, dont le clocher a trois arcades qui peuvent servir à le faire reconnaître.

Au-dessus, *le pont* qui mène au chemin de Cadix en suivant à gauche la route de *Xérès de la Fondara*; au-dessous enfin, *la Conpania*, ancienne maison provinciale des jésuites.

En revenant sur la droite, près de la grande tour et de l'autre côté de la rivière, une batterie de campagne qui tira lors du passage du roi, ainsi que la batterie Carignan qu'on distingue près de l'embouchure de la rivière. A la droite de la petite tour, *l'hôtel de Malte*, maison blanche qui a un escalier sur la plus haute terrasse ; un peu à droite et au-dessus, *le Cirque* pour les combats des taureaux ; enfin sur la même ligne et plus à droite encore, le couvent de *Saint-Francisco.*

Le point capital du tableau, celui qui occupe le centre et sur lequel se passe la scène animée, dont le genre du *Diorama* ne nous permet pas de voir les acteurs de plus près, est le *Débarguadère.* C'est là que se rendit le prince généralissime pour recevoir le monarque espagnol. Des préparatifs brillans avaient été ordonnés pour cette cérémonie, que le peintre a représentée au moment où monseigneur le duc d'Angoulême, donnant la main à la reine, la présente, ainsi que le roi Ferdinand, au peuple, au clergé et aux troupes qui sont rassemblés en cet endroit.

Près du prince français figurent, le major-général comte de Guilleminot, qui pendant toute la campagne sut se concilier l'estime du généralissime et celle de l'armée ; le marquis de Talaru, le général Bordesoult, le duc de Guiche, aide-de-camp de S. A. R. le duc de Damas, aujourd'hui ministre de la guerre, le général Mériage, le colonel Lahitte,

les aides-de-camp de MM. les officiers-généraux,
enfin les officiers d'état-major.

Le jeune infant don Carlos est près de la reine,
Les frères du roi et les infantes sont derrière S. M.;
et tout-à-fait inaperçus. Le général Valdès est
resté dans le canot qui a porté le roi.

Tout le clergé est agenouillé devant le roi.

La dimension des figures est telle que beaucoup
de détails ne peuvent arriver jusqu'à l'œil du spectateur. Les personnages des premiers plans se dis-
tinguent avec plus de facilité. Le factionnaire
qui est sur le bateau supérieur de l'*Alcazar* est
presque de grandeur naturelle. Les gens du peuple
qui sont au-dessus de la maison de la *douane* (celle
dont les fenêtres sont pavoisées de riches tapis),
sont agités d'un mouvement fort bien exprimé. Les
troupes qui forment la haie sont, d'un côté, des
dragons espagnols; de l'autre, de soldats suisses à
la solde de la France.

FIN.

IMPRIMERIE DE GARPENTIER-MÉRICOURT,
rue de Grenelle-Saint-Honoré, n° 59.

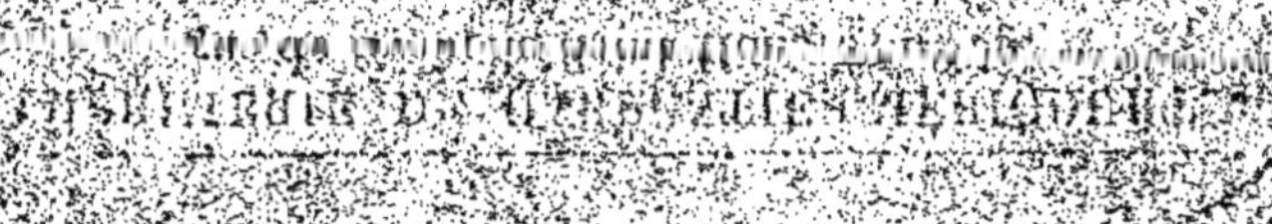